DATE

DATE

DATE

DATE:

DATE ___________

DATE

DATE:

DATE:

DATE:

DATE

DATE

DATE:

DATE:

DATE

DATE:

DATE

DATE

DATE: ___

DATE

DATE:

DATE

DATE

DATE

DATE:

DATE

DATE

DATE

DATE

DATE:

DATE:

DATE

DATE:

DATE

DATE

DATE

DATE

DATE

DATE

DATE:

DATE

DATE

DATE

DATE

DATE

DATE:

DATE: ____________________

DATE

DATE: ______

DATE:

DATE

DATE

DATE

DATE:

DATE

DATE

DATE

DATE:

DATE

DATE

DATE

DATE

DATE

DATE

DATE

DATE ____________________

DATE:

DATE

DATE

DATE:

DATE

DATE

DATE

DATE ______________________

DATE:

DATE

DATE:

DATE:

DATE:

DATE:

DATE

DATE

DATE

DATE:

DATE:

DATE

DATE

DATE:

DATE

DATE

Made in the USA
Monee, IL
04 November 2026

67386521R00069